- HERGÉ -

THE ADVENTURS O TINTIN

THE DERK ISLE

TRANSLATIT BY
SUSAN RENNIE

TAIGH NA TEUD

www.scotlandsmusic.com
www.dalenalba.com

www.tintinscots.com

Tintin aroon the Warld

Afrikaans Human & Rousseau
Arabic Elias Modern Publishing House
Armenian Éditions Sigest
Asamic Chhaya Prakashani
Bengali Ananda Publishers
English Egmont UK
English (USA) Little, Brown & Co (Hachette Books)
Catalan Juventud
Chinese (Complex) (Hong Kong) The Commercial Press
Chinese (Complex) (Taiwan) Commonwealth Magazines
Chinese (Simplified) China Children's Press & Publication Group
Creole Caraïbeeditions
Creole (Réunion) Epsilon Éditions
Croatian Algoritam
Czech Albatros
Danish Cobolt
Dutch Casterman
Estonian Tänapäev
Finnish Otava
French Casterman
Gaelic Taigh na Teud / Dalen Alba
German Carlsen Verlag
Greek Mamouthcomix
Hindi Om Books

Hungarian Egmont Hungary
Icelandic Forlagið
Indonesian PT Gramedia Pustaka Utama
Italian RCS Libri
Japanese Fukuinkan Shoten Publishers
Korean Sol Publishing
Latvian Zvaigzne ABC
Lithuanian Alma Littera
Norwegian Egmont Serieforlaget
Polish Egmont Polska
Portugese Edições ASA
Portugese (Brazil) Companhia das Letras
Romanian Editura M.M. Europe
Russian Atticus Publishers
Scots Taigh na Teud / Dalen Alba
Serbian Media II D.O.O.
Slovenian Učila International
Spanish Juventud
Swedish Bonnier Carlsen
Thai Nation Egmont Edutainment
Turkish Inkilâp Kitabevi
Welsh Dalen (Llyfrau)

Tintin is publisht in sindrie dialecks forby

ALBA | CHRUTHACHAIL

The publisher acknawledges support frae Creative Scotland towart the publication o this buik

First publisht in 2013 by Taigh na Teud, 13 Upper Breakish, Isle o Skye IV42 8PY
an Dalen Alba, Glandŵr, Tresaith, Ceredigion SA43 2JH
Originally publisht in French as *Tintin: L'Île Noire*
Publisht conform til an agreement wi Casterman, Belgium
© Artwork copyricht by Casterman 1956, renewit in 1984
© Scots text by Taigh na Teud 2013
Taigh na Teud ISBN 978-1-906804-98-5
Dalen Alba ISBN 978-1-906587-38-3
Printit in Malta by Melita Press

THE DERK ISLE

Whit's gaun on here...?

Quick, Tarrie, ootside!

I'll bet ma breeks he's up tae nae guid!

He's gettin awa!

Whaur d'ye think ye're gaun, laddie?

Ooyah!

Dinna staund like a stookie! A man lowpit aff the train. We maun follae him!

Nane o yer haivers, noo!

Awbodie staund still!

Naebodie's leavin this train!

He's comin roon.

Tintin! Hoo come?

It's him! I'd ken him onie place. He duntit me on the heid!

Me?

3

It's true! Here's the waipon he yaised!

An here's the puir man's wallet in the tither pooch.

I'm tellin ye it wisna me! Somebodie pit thae things in ma jaiket whiles I wis doverin!

Whit ither can we dae? Aw the evidence is agin ye.

I ken...

Ay, it's luikin dreich for me. Forby the gaird wull say I ettelt tae jink him. It's a sleekit ploy, aw richt. But wha's ahint it? An for whit?

The key for the shangies! Ya wee beauty, Tarrie! Quick, gie's it here...

ZZZ

ZZZ

Hoo come we've stapt? Lovanentie! Whaur's Tintin?

I doot we've tint him...

The limmer! He's gien us the slip, an joukit awa!

Mair nor that, he's gien us the jouk, an slippit awa!

An oor efter...

Hooses, at lang an last! I'll luik for a car tae tak us til the coast.

TING TING TING TING TING

Yon Tintin's a skellum!

Mair nor that, he's a richt... scunnersome skellum!

Guid day!

It's him!

!

Thae twa!

Haud up!

Oot the skirlin pan an intae the fire, aw richt!

Stap him!... Grip him!

Whaur's he got til noo?

Tell me, ma guid man, hae ye seen a laddie hereaboots?

A laddie? Wi a tousie wee dug? Deed I hae. He wis gaun his dinger! I doot he's scoukin in the wuid, yonner by...

Braw! Noo we'll hae him!

Tarrie!

WOUFF! WOUFF!

!

⑤

Ocht! They ken me noo!

It wis him!

Stap! Ye're unner arrest!

We're grippin on him!

Mair nor that...

Whit are ye like, Tarrie? Awthing wis gaun jist fine an dandy!

A larrie gaun oor wey! Nae time tae swither!...

Braw! He's gaun til the coast. Noo, wi a bittie luck, we'll can catch the ferry...

It's time. Heeze the gangwey.

Weel an aw, we're sauf! Yon wis a guid ploy, eh no?

No bad at aw! Afore Tintin gets oot the jile, we'll be faur an awa...

WHEW!

Dinna lat him see us! We'll no can dae muckle on the boat.

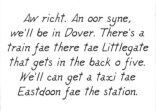

Aw richt. An oor syne, we'll be in Dover. There's a train fae there tae Littlegate that gets in the back o five. We'll can get a taxi tae Eastdoon fae the station.

Can ye tak me tae Eastdoon?

Ay, sir.

Guid tae see ye, Ivan! Nae time tae blether — jist follae yon taxi...

Nae bother.

Did ye see yon car wheechin past us, Tarrie?

Aw richt, they're heidin this wey. Tak tent!

Whit's the maitter?

I... I dinna ken... The brakes are steekit...

Yon's the wey!

An we're aff!

Aha! Luik, Merksov! Oor young freen, Tintin, is back wi us.

Sae I see.

Sae ye joukit the polis, did ye? Weel, ye'd hae been better aff wi them.

This'll dae fine, Ivan.

Okay.

Oot ye get! An nae joukery-pawkery, mind!

Has this no gane faur eneuch? Whit dae ye want wi me?

Dinna act daft! Ye ken fine whit we're gaun tae dae...

Lowse the raips.

Braw. Noo, ma guid freen, ye'll suin be the warld heich-divin champ. Lowp!

Haunds up, baith o youse!

Help ma boab! They're heidin this wey!

C'mon! Lat's no hing aboot!

Dinna fash. We'll pit his gas at a peep yet.

Tarrie! Time tae get gaun!

Braw idea for sterters, Tarrie. But syne ye lat it gae tae yer heid!

Hullo?... Ay, Doktor Müller here... Ah, it's you... Whit?... Tintin's efter us? Guid fegs! We'd best caw cannie.

Jings! Yon's the stramash fae the plane the ither nicht. Lat's hae a closer luik.

Whit happent tae the pilot?

We dinna ken. This is whit we fand the morn. Mibbe the crew baled oot wi parachutes.

It's the plane I saw yestreen - nae doot aboot it! But I'll no get muckle fae a plump o metal.

Tarrie?

Tarrie's got a scent!

I doot it'll lead us tae the crew!

He's a fair wunner, is wee Tarrie. There's no a dug like him for snowkin efter crooks!

Tak tent, Tarrie. We maun be gey close...

On the keevee, mind.

This is it. He's ontae something...

Quick, Tarrie! Ower here!

C'mon, I doot yon dug gied the alairm.

OOYAH!

A fit-trap!

DRRRRING

Aha! Somebodie's sneckit in trap nummer nine! Lat's gae an see...

Weel, if it isna oor young freen, Tintin! Whit a braw surpreese!

Lowse the trap, Ivan. I'm watchin him.

Ready the car, Ivan. We're leavin richt noo.

It wis gey daft tae poke yer neb in oor affairs. Noo I maun redd ye awa. Ye michtna ken, but I'm the heid o a private mental hospital - an unco place, whaur a wheen patients arrive wi aw their wits...

...but efter echt oors o... speecial treatment, they tyne them awthegither! Excuse me... a quick telephone caw an syne I'll be richt wi ye.

I wunner...

Hullo, Campbell? I've a new patient for ye.... Ay, he's gey dangerous... He'll be needin treatment B, gin ye ken whit I mean. Ay... Ay...

...gin the lowe...?

It's burnin throu. Jist a bittie mair...

Ay, he seems tae hae his wits aboot him... but ye ken whit can happen...

⑮

Braw!

Sae is this!

?!

BLAFF

?!

BLAFF

WHEECH
BLAFF
Quick, ma pistol!

DING

Scunneration!
I'm oot o ammo!

CLICK

WHANGGG

OW!

OOYAH!

Ah! Ivan's pistol!
An it's loadit forby!

It's atween you an me noo!

Luik yonner by! A lowe!

Yon's Doctor Müller's hoose!

WHAAAA WHAA WHAAAA

FIRE STATION

Aw preesant an correck, sir!

Braw!

Haud on! Whaur's the key?

Whaur the deil did I pit it?

Help ma boab! There's a rive in ma pooch! The key's fawn oot somegate.

Quick aboot it, lads! Form a search pairtie...

There! Jist in time an aw! Yon pyot micht hae flewn awa wi't!

?

Stap!

Haud up!

Drap yon key!

Got it!

AдAH!

AдAH!

Weel, sir?

Haud a bittie...

Ocht, wud ye credit it! This is the wrang key!

Ye're ayeweys in a dwam, Hamish. Here's the station key. Yon's the key for the coal bunker!

DING DING DING

Dag on it! It's the fire brigade!

Is oniebodie ben the hoose?

Naebodie, I'm gled tae say.

WOUFF! WOUFF! Dae they no ken that Tintin's in danger? WOUFF! WOUFF!

I daurna lat them sauf Tintin...

Naebodie's watchin. Noo's ma chance.

...an did ye get Doctor Müller?

Naw, we didna. He an his driver lowpit intae a getawa car that wis waitin by the yett. They wheeched aff afore ma lads cud stap them.

Scunner! I need tae find oot why they want shot o me. But they're no gaun tae get awa wi this! For sterters, I'll gae back tae the scene o the lowe. I micht can pick up their trail fae there.

Haud there, laddie! Ye canna get up yet!

Hoo no? I feel fine an dandy...

Sae this is whit's left o Doctor Müller's big hoose...

Hmm... I'll no can find muckle ben the hoose...

Gey unco place for an electric cable...

Aha! There's mair...

I wunner whaur this leads tae?

A reid beacon? Whit cud that be for?

An that's no awthing...The cable keeps gaun...

Jings! We'll be here aw day at this rate...

Luik, it's anither beacon...

An here's a thrid ane...

Lat's see...The cables conneck three trees, makkin a triangle...

AHA!

I ken noo! 3RB△ means three reid beacons i the shape o a triangle. It wis a signal for the airieplane!

müller
3RB
△
24 10

Atweenwhiles......

The scunner is that a plane is returnin the nicht tae drap aff the goods. Gin they dinna see the beacons, they'll turn strecht back – an I'll no get a single bawbee!

Richt, Ivan, here's whit we'll dae. We'll gae back an licht the beacons, wait on the plane drappin the goods, syne we'll load up the car an drive aff. The morn's morn, we'll be furth the countrie. Whit d'ye think?

Soond's guid tae me, sir.

That nicht...

Dag on it! Somebodie's dug up the cables. They'll ken the hail ploy.

Ay, an luik yonner, sir. The beacons are lichtit!

Somebodie's waitin on the plane forby us. Gin it draps the goods, oor nummer's up! We maun slock oot the beacons. Quick! Help me sneg the cables.

But... But... the beacons are aye alicht!

Dae ye think the plane'll come the nicht?

RRRRRRR
?

We're guid tae gae. Yon's the three reid beacons.

The plane's here! Whit can we dae?

Nummer ane!

They've drapt something!
BOMF

Lat's gae an see!

Scunneration! It's Tintin!

Nummer twa!

BOMF
Anither!

That ane laundit gey near here. I dootna but we can find it!

At lang an last I'll ken whit's gaun on...

Hoo lang shud I stey still, Mr Tintin?

Tintin! Wake up!

AHA!

I see whit happent! The numptie trod on the rake. I'll jist tak his pistol...

Watch oot, Tintin!

DUNT

Nae bother!

Oot for the coont!

I'll bind them sae's they canna warsle oot...

Needcessity is the mither o invention, fowk says. An this cable maks a braw tether!

Lat's see whit's in thae muckle sacks...

JINGS! BANKNOTES!

Conterfaiters! Yer nummer's up, ma freens!

An noo tae find the ither twa sacks!

Yon's the saicont ane!

AAH   OWEE

27

Naw! They're gettin awa!

I ken whit happent! By warslin tae lowse themsels, they set aff a short-circuit!

Quick, Ivan!

Ocht, the car! They'll get awa... onless... I ken!

Gin they come this wey, I'll hae the ae chance...

Whit's his ploy?

Here they come...

Hoolie an fairlie. I maun time this jist richt...

AYAH!

Cud ye no jist dander throu the yett like me? Ye're aye the superhero!

They joukit us baith, Tarrie. I'm sair scunnert!

Ye're sair duntit, mair like...

A car! We maun stap it!

TOOT TOOT

I'm efter a gang o crooks in a getawa car. Can ye help me grip them?

Say nae mair, lad. Hap in!

This is nae guid! We're taiglin alang. We'll no can grip them less they get a puncture.

The ingine's a bittie cauld, but it'll warm up suin.

Whit did I tell ye? It's gaun its dinger noo.

Uh-oh...

PLOWP

Ye're in big trouble, ma lad. I'm buikin ye for campin wioot a permit, for pickin fruit oot o saison, an for dookin in a private loch.

NAE DOOKIN

I've nae chance o grippin them noo. They're weel awa.

Dearie me, a stramash!

Crivvens! It's the getawa car!... Can ye lat me oot here, please?

The occupants, ye say? No a scart on them! They tuik tae their heels an heidit for the station.

There they are! They're gaun on the train!

TOOT

Ocht! The train's leavin!

I doot ye'll be flat on yer face in a meenit.

Follae me, Tarrie!

Made it this time!

Uh-oh! A tunnel

Mind yer heid, Tintin!

Jings, that's a lang tunnel!

An a gey clarty ane an aw!

Puir Tintin, whit a sicht!

Haud on ticht, Tarrie!

Watch the sack whiles I gae an wash ma haunds.

Okay.

Is it stertin tae rain?

That's no watter – but it's byordinar guid aw the same!

Ah, noo I ken – it's a dreep!

I'll jist freshen up a bittie.

It's the ane the crooks left ahint. Mibbe the ingine driver kens whit wey they gaed...

STAP!

A station awready? Naw... but hoo come we're stappin?

A train stappin here? That's byordinar strange.

It's the ane the crooks left ahint. Mibbe the ingine driver kens whit wey they gaed...

Whit i the warld's earth happent tae ye, Wullie?

The crooks telt us tae stap the train. "Gae backarts!" they said. Weel we did, but sae suin as ma back wis turnt, they gied me a sair dunt on the heid... I bleckt oot... Syne I dinna ken whit wey they gaed.

Nae maitter. Ma faithfu Tarrie wull snowk them oot nae bother.

But whaur's he got tae? Tarrie!... TARRIE!...

TARRIE!

Ower... h... hic... here! Whit... hic... Whit's yer problem?

Shaw us the wey, Tarrie...

I howp we'll be in time...

Luik! Yon plane is takkin aff! I'll bet ma breeks they're inside!

Help ma boab! It's heidin strecht for us!

Scoonrels!

An scunners forby!

Whaur's oor hats?

Owerby...

Scunneration! Thae hats wis near new...

I ken fine! We bocht them thegither scarce seeven year syne...

I jalouse Tintin wis richt fae the affset. Yon's a pair o crooks!

Crooks? Mair nor that, I'd cry them... crookit! Nae doot at aw.

RRRRR

Wait on me here! I'll no be lang!

Lat's no dither aboot! There's anither plane owerby!

Polis! Stert up the ingine. We maun leave this meenit!

But...

Nane o yer whittie-whatties. It's the polis an we're requisitionin yer plane — an you wi it!

Unnerstaun?!

Fu throttle, pilot!

Michtie! Whit's aw the acrobatics for!

I... I dinna ken whit tae dae! I hinna flewn a plane afore. I'm jist a mechanic!

We'll no be lang in grippin them. Onless...

G-ARCR

Smoch! Yon's whit I wis dreidin...

Scunneration! I canna see a thing...

Gin we dinna laund, we micht sklent towart the sea...

Yonner's a guid place tae laund...

Crivvens! A dyke!

CRANSH

CRANSH
BOOM
?

Nae brukken banes?

Puir laddie! He's fawn intae a plump o brammles.

Come awa an chynge yer claes at ma hoose. It's no faur fae here.

Ye were baith gey lucky...

Ye're richt there.

Listen! The dunner o an ingine...

We'll no can see it fae the smoch...

We're tellin ye — laund this plane!

An I'm tellin youse — I dinna ken hoo!

Dinna tak yer haunds aff the wheel, ya muckle sumph!

I thocht yon wis oor last oor, Nisbet!

Me an aw, Nesbit!

Come awa ben.

Ye'll find aw ye need ben.

Thanks.

?

Aw richt?

Ay, braw! Haud a wee...

Fantoosh!

OH!

Tarrie! Ye're no at that stuff again!

Ay, nae doot yon's the best plan...

I'm daein this for yer ain guid...

It's gey late, an oor host suggests we bide here the nicht...

Guid auld Scottish hospitality! That wid be grand.

The morn's morn...

The smoch hingin ower the British Isles the nicht has causit a wheen stramashes...

This forenuin, fisher-fowk in Inverdoom in Northan Scotland fand the wrack o a plane nummert G-AREI. It's thocht the crew droondit...

G-AREI!... Yon's the nummer o the plane we follaed yestreen! Gin they're deid, that'll be an end o't...

Mibbe. Still an on, I hinna got til the hert o this yet. I maun awa til Inverdoom tae see for masel...

Inverdoom is jist the twenty mile fae here. Haud tae the path, mind, an dinna gae stravaigin...

Dinna fash!

Twenty mile — yon's a fair lenth! We'll no win Inverdoom afore the gloamin...

!?

Tarrie! Here, lad!

WOUFF!

WOUFF! WOUFF!

40

WoWoW!

WoWoW! ?

WoWoW!

Puir wee Tarrie!

Whit a numptie, lowpin intae a plump o thrissles!

We're amaist there. I'm snowkin the sea awready....

Yonner's Inverdoom...

Guid e'en tae ye!

Cud ye gie me a room for the nicht?

Ay, nae bother.

Grand. I'd like a bit denner an aw. But mair by taiken, I'm efter news o the plane that wis recovert the day. Hae they fund the bodies o the crew, d'ye ken?

Naw, they hinna fund them yet.

An they'll nivver find them!

?

?

Nivver!

Hoo come?

Hoo come? Ha! Ha! Ye're no fae hereaboots, I jalouse? Hiv ye no hard tell o the **ONBEAST?**...

?

Whatna onbeast? D'ye mean the Loch Ness Monster?

Waur nor that, laddie. I mean the Hairy Etin o the Derk Isle. Him that bides i the ruins o Corbiecraig Castle an devoors awbodie an awthing that daurs near.

Tak tent! Three month syne, twa lads here wis bentset on veesitin the isle. Forby warnins an spaeins, they set aff in a wee boat. The watter wis sma, the wind wis lown... But naither sicht nor soond has there been o them sinsyne! An jist a year back, there wis a fisherbodie fae Inverdoom...

There wis a gey thick haar that day... Puir sowl! He tint his wey maist like... an wis nivver seen again! An the year afore that... But laddie, we'd be here tae Hogmanay gin I telt ye aw them that's disappeart...

Ay, it's a frichtsome craitur, the Hairy Etin. Whiles, at nicht, whan the wind blaws, ye'll can hear the soond o him chappin... Jings! Whit's that?

BOOM
BOOM
BOOM

Yer denner, sir.

Thanks. There's byordinar things gaun on here. I maun awa til the Derk Isle the morn!

The morn's morn...

Can ye tak me sae faur as the Derk Isle?

Til the Derk Isle? Hiv ye gane gyte, laddie, or are ye efter an early grave?

Tak ye til the Derk Isle? No for a thoosan bawbees, I winna! I'm ower fond o leevin!

The Derk Isle, ye say? Gie up, laddie. Naebodie in their richt mind wull tak ye there.

Ya beauty! Here's ma chance...

Ahem! Wud ye rent me yer boat, sir?

Ay, but... dae ye ken hoo tae steer her?

Whatna wey are ye heidin?

Umm... I'm thinkin on veesitin Corbiecraig Castle...

The Derk Isle?! But ye'll no come back... an I'll ne'er see ma bonnie boat again!

Whit if I buy her aff ye?

An we're aff!

Yon's the last we'll see o them!

Yonner's the Derk Isle...

The fowk o Inverdoom wis richt. This place is gey dreich an oorie...

We'll stert wi the castle, Tarrie.

This maun be the stair tae the tooer...

Whit a gran vizzie!

BOOM BOOM

On ye gae, Ranko...!

Ay, there's a man wi him awricht...

RAIRRR!

WOUFF!

A crevasse! Gin I cud squeesh throu...

WOUFF!

Ya beauty! There's a cave ben.

Sugarellie! It's them...

Snowk them oot, Ranko!

Ah! He's taen refuge ben. We'll hae him noo...

RAIRRR!

They ken we're here! Jist as weel it's a ticht fit...

WOUFF!

Weel, ma dear Tintin. Ye hae joukit monie dangers, an skirtit the clauts o Ranko here. I tak ma bunnet aff tae ye...

But there's ae thing ye canna jouk — and yon's the sea! The tide's comin in fast, ma dear Tintin, an gin ye dinna come oot tae pley wi Ranko, ye'll be droondit like a ratten in a hole.

We maun get oot gey quick, Tarrie...

BLAFF
BLAFF

BLAFF

He's gairdin the wey oot...

WOUFF!

Whit's gaun on?

WOUFF!
WOUFF!

Mibbe Tarrie's ontae something...

Ya wee beauty, Tarrie! We're sauf!

Whit's this? A througang...

I wunner whaur it leads...

Aha... a licht!

?

Anither stap an ye're deid!

Awricht, you wi the buits, see yon bit raip on the grund? Yaise it tae tie up yer freen wi the fantoosh moutache...

Quick, noo! An mak it ticht, mind! It's waur for you gin ye dinna dae it richt!

Noo it's your shot... Jist the job! A weel-loadit pistol is a gey handy thing at times...

Weel-loadit?... Dag on it!... I mind noo that ma pistol wisna loadit!

Noo ye tell me!

Jings, he's richt! It's toom!

Help! In here! Help!

Help! Tintin is here! Help!

Haud yer wheest! Else I'll...

Say whit ye like — we'll no stap! Ye ken fine there's naething in yer pistol!

Ay, but there's ither weys tae mak ye haud yer wheesht!

Gaun yersel, Tintin! Wham! Ane doon! Wham! An the tither!

Ower late! Their skellochin gied the alairm. I hear fitstaps...

Quick! Ane o thae ink rowers wull be mair yiss nor a toom pistol.

Naebodie here!

We're ower late...

I jalouse Tintin wis ahint this. He's escapit whan he hard us. Rin quick an tell the boss.

Aha! It's oor auld enemies...

Ivan... I...

BOOM

I'm here, sir. Whit's wrang?

Oniebodie else? Nae takkers? Awricht, lat's sort oot this clanjamfrie...

Jist the job! Be guid, noo, whiles we're awa!

WOOYAH!

That's better — this ane's loadit. I jist howp I dinna hae tae yaise it.

Cud ye no tak tent for a chynge?

51

He's gaun tae eat him!

OH!

WOUFF!

WOUFF!
WOUFF!
WOUFF!

Noo tae sort oot Tintin...

Whit's the maitter noo?

Ocht, it's jist him again... Nae bother...

WOUFF!

Ye've pit his gas at a peep, Tarrie!

Gey daft for a muckle aip tae be fleggit by a scootie wee...

Tarrie? Whaur are ye?...
Tarrie?... Tarrie?

There ye are, ya big feartie!
C'mon, there's mair tae investigate.

Me, a feartie?

Crivvens! Somebodie's speakin ahint the door!

...I doot he's won the first roond. But lat's see whit happens. He's comin towarts us noo... Here he is...

Haunds up!

It's the televison!

Ane last loop...

...an Jamie Tytler, aerobatic legend, launds tae the cheers o the crood...

An airshow...

Noo here's a squadron o the Reid Arras in their weel-kent formation...

I wunner whit's on the desk here...

We've strucken gowd here, Tarrie! This leet gies aw the members o the gang, oot-throu Europe! The polis wull gae their dinger wi this!

- 3 -

- Hansa Släszeck
  Sdrodjk, 45 - Praha
- Otto Steinkopf
  Hedemanstrasse, 18 Potsdam
- Louis Bonvault
  Villa Gai-Soleil
  St Germain (S.et O.)
- Kees Nieuwenhuis
  Zilverdijk, 73 Amsterdam
- Werner Schelhammer
  ... Wien

Anither competitor noo. It's... It's... Weel, he's no listit in the programme. But whit dis that maitter? He's fair byordinar i the air!...

Whit a stoater! The maist gallus — an the maist doity — aerobatic display here for monie a lang...

Lovanentie! Tak us doon, man!

I... I jist wish I kent hoo...

54

Like a meteor fae ooter space, the plane tummelt til the grund, an syne clam back up again...

Are ye gaun tae laund or whit?

Aince mair he's hurlin til the grund... but this time it ens in a fantoosh loop-the-loop... Great Criftens! Ane o the passengers has fawn oot the plane!

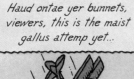

Haud ontae yer bunnets, viewers, this is the maist gallus attemp yet...

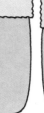

...he's hurlin til the grund again, fowks... the ingine has stapt...

...the plane skites the grund... reboonds...

...an feenishin aff in style, maks a last daredeevil lowp, afore comin tae a halt on the grund.

Weel dune! By unanimous vote, the judges hae awardit ye the aerobatics trophy!

We mauna daidle here, Tarrie. Back tae oor business!

Ya beauty! A radio transmitter!

S.O.S... S.O.S... I want the polis... It's an emergency! Can oniebodie hear me?

Polis heidquarters here... Receivin ye lood an clear...

Yon's the secret radio signal we've been efter this three month!

Braw! They can hear us!

This is Tintin the reporter. I'm on the Derk Isle no faur fae Inverdoom. I've grippit a gang o conterfaiters. Can ye sen me backup?

Polis HQ here. Message unnerstood. Help is on its wey. Dinna fash — we'll stey in contack wi ye.

Braw! The polis are on their wey an suin we'll be gettin oot this place.

Aboot time! I'm sair scunnert wi these oorie caves.

Sugarellie! He's warselt oot!

We're gubbit, Tarrie! He'll lowse the ithers an syne the hail clanjamfrie wull be efter us!

Keep a calm souch! Here's the ammo. He'll no get awa this time!

Ay, he's a gone corbie!

Hoolie an fairlie, lads...

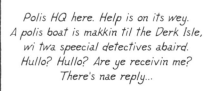

This stane's ma last howp...

?

BOOM BOMF OW AH

Yonner's the Derk Isle. We'll be ashore in twa-three meenits...

I'm awa tae fesh Ranko. He'll no be fleggit by a wheen chuckie-stanes...

I doot that's pit their gas at a peep!

RRRR RRRR

Yon's an ingine...

Ya beauty! It's the polis!

RAIRR!

WOUFF

It's a rammy up there!

Ready yersel...

Wait on me!

Up wi't!

I telt ye tae wait...!

Mind the dunt!

Drap yer waipons!

Grippit by the polis!

Tintin! It's sauf tae come doon! It's jist us!

Come awa, Tarrie! Doon the stair...

A ghaist! Mair like a bogle! There, on the stair!

A ghaist? A bogle? Whit are they haiverin aboot?

WOOO HOO

?

TINTIN! TINTIN!

Ye can come oot noo. There's nae bogles here.

It wis this puir craitur that wis yowlin. He brak his airm fawin doon the stair o the tooer, jist the noo.

An whit are ye gaun tae dae wi him?

Tak him wi us. The puir sowl wull sterve gin we leave him here. We'll can find him a guid hame in a zoo.

We maun get gaun! The boat's waitin on us.

Atweenwhiles, in Inverdoom...

Ay, fowks, it wis thanks tae me the hail jing-bang wis discovert. I telt yon laddie, "There's byordinar carrie-ons on the Derk Isle. Gaun see for yersel." "Whit aboot the Hairy Etin?" he speirt. "Dinna fash aboot that. It's aw haivers," I telt him. "There's mair byordinar craiturs in here than on yon isle." Syne he heedit ma advices...

THEY'RE COMIN! HURRAY!

It's them!

TINTIN OOR HERO!

Dae ye hae a wheen words for oor viewers, Mr Tintin?

Em... weel... that is...

Whit's wrang? Did I dae something tae fleg them?

LOCH [...]
SCOTCH WHISKY

The Northan Luikin Gless

GLESCA EDITION

PRICE 4D

NUMMER 11432

THE MYSTERY O THE DERK ISLE

Of

POLIS GRIP INTERNATIONAL GANG O CONTERFAITERS

Read the hail story on pages 2, 3, 4 an 5

← The five gang members are escortit tae a polis van that wull tak them tae Embro tae face trial.

A wheen conterfait banknotes fund on the Derk Isle. The forgers sent them by plane tae their accomplices in sindrie countries tae skail. The fake notes are that guid, it's impossible tae tell them fae real anes.

← Celebratit reporter, Tintin, says fareweel tae Ranko the gorilla afore he gaes tae his new hame at Embro Zoo. The gang yaised the gorilla tae fleg the fisher-fowk o Inverdoom by spreidin tales o a frichtsome beast, the 'Hairy Etin'.

Oor hero an his faithfu dug, Tarrie, wi the polis officers that helpit them tae grip the criminals. Fae left tae richt: Officers Murray, Craigie, Grant, an Jamieson. →

The Dep[...]
o Embro[...]
that's ge[...]
ingaithe[...]
noo reg[...]
gien us[...]
drawn[...]
o Scotl[...]
kist o[...]
hunne[...]
braid[...]
tae k[...]
offee[...]
Versi[...]
us in[...]
oote[...]
The[...]
hae[...]
hei[...]
hov[...]
wa[...]
wa[...]
ta[...]
gi[...]
h[...]
t.[...]
b[...]

The morn's morn...

Are ye no comin back wi us?

Naw thanks. We're... um... we're no that keen on air traivel...

Cheerie-bye then!

THE EN